小学英語の復習 & 中学英語のさきどりノート

数研出版
https://www.chart.co.jp

本書の使い方

　中学校の英語では，歌やゲームなどを通して英語を聞いたり話したりしてきた小学校の英語活動からさらに進んで，英語を読んだり書いたりする活動が加わります。また，英語の文のしくみや，文をつくるときのきまりである「文法」についても学習します。しっかりと覚えなければならないことがふえるため，授業が始まる前にきちんと準備をしておくことが大切です。

　本書「小学英語の復習＆中学英語のさきどりノート」では，小学校および中学1年生の英語の授業で学習する英文のしくみや，その英文が実際に使われる場面をわかりやすく説明しています。また，単語や英文をなぞり書きする練習から始めて，最終的には日本語を見ながら自分で英文を書くことができるようになるよう，段階的に学習していくことができます。　英語の音声はQRコードを読み取ると再生できます。また，マンガの中の文章は，発音練習ができるアプリと連動しています。（くわしくは4ページをご覧ください。）英語の文字を目で追いながら音声を聞くだけでなく，実際に発音するとなお効果的です。

いっしょにがんばろう！

数犬チャ太郎

　英語を読んだり書いたりすることは難しそうに見えますが，中学校での授業が始まる前に本書を使ってしっかり準備をしておけば，不安に思うこともなくなるでしょう。

本書では，（読む）（書く）（聞く）（話す）それぞれの，バランスよい学習が可能です。

（聞）（話）学習する単元の英語が使われる場面を，マンガ形式で示しています。──

　🐕　英語の音声の再生と発音練習は，横にあるQRコードから行うことができます。

（読）学習する英文の文法的なしくみをわかりやすく説明しています。──

　　（中学校の予習のみ）

書 聞 このページに出てくる単語を，なぞって練習します。
あいているところには，自分で書いて練習してみましょう。

🎧 英語の音声は，横にあるQRコードから再生できます。

書 聞 学習する英文をなぞって練習します。（中学校の予習のみ）
あいているところには，自分で書いて練習してみましょう。

🎧 英語の音声は，横にあるQRコードから再生できます。

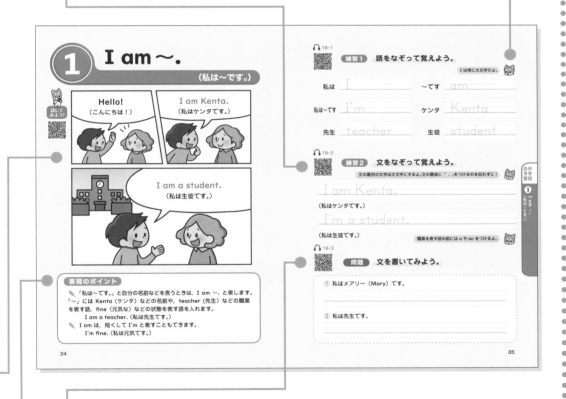

書 聞 日本語を見て，上でなぞった単語や英文を参考にしながら，
英文を書いてみましょう。（中学校の予習のみ）

🎧 英語の音声は，横にあるQRコードから再生できます。

発音練習アプリ「数研発音マスター」の使い方

●「数研発音マスター」とは？

スマートフォンを使って，英語の発音練習ができるアプリです。お手本の音声にならって英語を発音すると，その「正確さ」と「流暢さ」を自動で判定して，スコアが表示されます。ユーザー登録や追加費用は不要で，紙面中のQRコードからすぐに利用することができます。

詳細は，ホームページ（https://www.chart.co.jp/software/hatsuon_master/），もしくは右のQRコードから視聴できる使い方動画にて説明がありますので，ご利用の前に一度ご確認ください。

使い方の詳しい説明動画はこちらから！

●本書における「数研発音マスター」の使い方

左ページのマンガの中に出てくる文章が，数研発音マスターと連動しています。マンガの左にある，「話してみよう！」の下にあるQRコードからアクセスできます。

マンガ中の1つのセリフごとに発音練習が可能です。まずはお手本の音声を聞き，続いてそれにならって発音しましょう。その後，発音のスコアが表示されます。高得点を出せるように，くり返し練習しましょう。

発音後

※ごく一部ですが，"Hi." や "Hello." など，一文がとても短い場合は，発音練習の対象外となります。

英語では，「読む」「書く」「聞く」「話す」それぞれの学習を，バランスよく行うことがとても大事だよ！
この本でしっかり練習して，中学校の勉強のスタートをきろう！

もくじ 小学校の復習

英単語や英文の書き方

単語の書き方

英単語や英文には,書くときのルールがいくつかあるんだ。正しい書き方を覚えておこう！

✎ 単語を書くときは，文字と文字の間をあけすぎたり，つめすぎたりしないように注意しましょう。

○ apple   × apple   × a p p l e

リンゴ   （つめすぎ）   （あけすぎ）

✎ 人の名前や地名は，最初を大文字にします。

Kenta   Tokyo   America

ケンタ   東京   アメリカ

✎ 曜日や月の名前も，最初を大文字にします。
「私は」を表す単語も，常に大文字で書きます。

Monday   January   I

月曜日   1月   私は

文の書き方

🖊 文の最初は必ず大文字にします。最後には必ずピリオド（.）を
つけます。

🖊 単語と単語の間は，小文字１文字分くらいあけます。

$$\text{This is my bike.}$$

これは私の自転車です。

🖊 文と文の間は，小文字２文字分くらいあけます。

$$\text{Hello. I am Kenta.}$$

こんにちは。私はケンタです。

🖊 「～ですか？」とたずねる文は，最後にクエスチョンマーク（?）
をつけます。

$$\text{Are you from China?}$$

あなたは中国出身ですか？

🖊 Yes（はい），No（いいえ）と答えるときは，あとにコンマ（,）
をつけます。

$$\text{Yes, I am.}$$

はい，そうです。

$$\text{No, I'm not.}$$

いいえ，ちがいます。

① アルファベット

Alphabets

1A-1

それぞれのアルファベットで始まる単語を聞いて,英語の音に慣れよう！

文字をなぞろう

A a

B b

apple　リンゴ

book　本

C c

D d

E e

cat　ネコ

desk　机

egg　たまご

F f

G g

H h

flower　花

glass　コップ

house　家

I i

J j

K k

ice cream　アイスクリーム

jam　ジャム

key　かぎ

8

L l M m N n

lemon レモン

milk 牛乳

notebook ノート

O o P p Q q

orange オレンジ

pen ペン

quiz クイズ

R r S s T t

rocket ロケット

sun 太陽

tomato トマト

U u V v W w

umbrella かさ

violin バイオリン

watch うで時計

X x Y y Z z

xylophone もっきん

yacht ヨット

zebra シマウマ

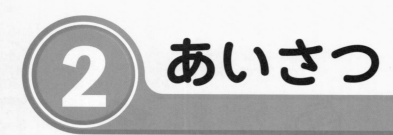

あいさつ

Greetings

2A-1

文をなぞろう

Good morning.

（おはよう。）

Good afternoon.

（こんにちは。）

Good evening.

（こんばんは。）

Good night.

（おやすみなさい。）

See you.

（じゃあね。）

How are you?

（元気ですか？）

I'm fine.

（元気です。）

Nice to meet you.

（はじめまして。）

Thank you.

（ありがとう。）

I'm sorry.

（ごめんなさい。）

Excuse me.

（すみません。）

3 数

Numbers

話して
みよう！

練習 語をなぞって覚えよう。

1	2	3	4
one	two	three	four

5	6	7	8
five	six	seven	eight

9	10	11	12
nine	ten	eleven	twelve

13	14	15
thirteen	fourteen	fifteen

16	17	18
sixteen	seventeen	eighteen

19	20	30
nineteen	twenty	thirty

40	50	60
forty	fifty	sixty

70	80	90
seventy	eighty	ninety

100	31	99
one hundred	thirty-one	ninety-nine

話して
みよう!

**What color
do you like?**
（何色が好きですか？）

I like green.
（私は緑が好きです。）

I like red!
（私は赤が好きです！）

**I like the colors
of the rainbow.**
（私はにじの色が好きです。）

練習　語をなぞって覚えよう。

赤
red

黄
yellow

緑
green

青
blue

白
white

黒
black

円
circle

三角形
triangle

正方形
square

星形
star

ハート形
heart

立方体
cube

話して
みよう！

When is your birthday?
（あなたの誕生日はいつですか？）

My birthday is January 5th.
（私の誕生日は1月5日です。）

It is today.
（今日です。）

Oh, happy birthday!
（まあ，誕生日おめでとう！）

練習　語をなぞって覚えよう。

日曜日
Sunday

月曜日
Monday

火曜日
Tuesday

水曜日
Wednesday

木曜日
Thursday

金曜日
Friday

土曜日
Saturday

曜日や月の最初の文字は必ず大文字にするよ。

1月
January

2月
February

3月
March

4月
April

5月
May

6月
June

7月
July

8月
August

9月
September

10月
October

11月
November

12月
December

What season do you like?
（何の季節が好きですか？）

I like summer.
（私は夏が好きです。）

I like spring.
（私は春が好きです。）

I like winter.
I like snowy days!
（私は冬が好きです。私は雪の日が好きです！）

雪玉

練習 **語をなぞって覚えよう。**

春

spring

夏

summer

秋

fall

冬

winter

晴れた

sunny

くもった

cloudy

雨の

rainy

雪の

snowy

風の強い

windy

天気について言うときは,
It is のあとに天気を表
す語を続けるよ。
It is sunny.
(晴れています。)

7 動物

Animals

話して
みよう！

What animals can you see?
（何の動物が見えますか？）

**I can see a rabbit,
a monkey, a bear.**
（私はウサギ，サル，クマが見えます。）

**And
a spider!**
（そしてクモ！）

7A-1

練習 語をなぞって覚えよう。

ネコ

cat

イヌ

dog

ウサギ

rabbit

パンダ

panda

クマ

bear

サル

monkey

クモ

spider

鳥

bird

魚

fish

話して
みよう!

What would you like to eat?
（あなたは何が食べたいですか？）

I want to eat pizza.
（私はピザが食べたいです。）

Let's eat together!
（一緒に食べよう！）

練習 語をなぞって覚えよう。

カレー

curry

ピザ

pizza

サンドイッチ

sandwich

ハンバーガー

hamburger

スパゲッティ

spaghetti

ケーキ

cake

牛乳

milk

紅茶

tea

ジュース

juice

話して
みよう!

9A-1

練習 　語をなぞって覚えよう。

Kentaの家族

祖父 grandfather ①

祖母 grandmother ②

おじ uncle ⑤

父 father ③

母 mother ④

おば aunt ⑥

兄／弟 brother ⑦

姉／妹 私 sister ⑧

話して
みよう！

Sunday night
（日曜日の夜）

What subjects do you have tomorrow?
（明日は何の科目がありますか？）

I have Japanese, science, P.E., English, **and** math.
（国語，理科，体育，英語と数学があります。）

homework!
（宿題！）

26

10A-1

練習　語をなぞって覚えよう。

英語

English

国語

Japanese

数学

math

理科

science

音楽

music

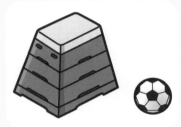

体育

P.E.

社会

social studies

美術

fine arts

話して
みよう！

What country is this?
（これはどこの国ですか？）

It is China!
（中国です！）

It is Canada.
（カナダです。）

It's my country.
（それは私の国です。）

I'm from America.
（私はアメリカ出身です。）

11A-1

練習　語をなぞって覚えよう。

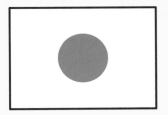

日本

Japan

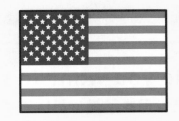

アメリカ

America

カナダ

Canada

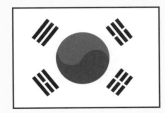

かんこく
韓国

Korea

中国

China

オーストラリア

Australia

スペイン

Spain

イタリア

Italy

インド

India

話して
みよう！

What do you want to study?
（あなたは何を勉強したいですか？）

I want to study music.
（私は音楽を勉強したいです。）

What do you want to be?
（あなたは何になりたいですか？）

I want to be a singer!
（私は歌手になりたいです！）

🎧12A-1

練習　語をなぞって覚えよう。

先生
teacher

医者
doctor

農場主
farmer

マンガ家
cartoonist

コック
cook

消防士
firefighter

歌手
singer

科学者
scientist

大工
carpenter

自己紹介をしてみよう

下に書いてある表現を使って、家族や友だちに発表してみよう！

✏️ 「私は〜出身です。」 I am from 〜.

出身地を言うときの表現です。「〜」には，Japan（日本）などの国名や，Tokyo（東京）などの都市名といった「場所」を表す語が入ります。

I am from Osaka.（私は大阪出身です。）
I'm from Canada.（私はカナダ出身です。）

✏️ 「私は〜歳です。」 I am 〜 years old.

年齢を言うときの表現です。「〜」には，年齢を表す数字が入ります。years old は省略してもよいです。

I am fifteen years old.（私は15歳です。）
I'm twenty.（私は20歳です。）

✏️ 「私は〜（職業など）です。」 I am 〜.

職業などを言うときの表現です。「〜」には，teacher（先生），his daughter（彼の娘）などの語が入ります。

I am a student.（私は生徒です。）
I'm her son.（私は彼女の息子です。）

もくじ 中学校の予習

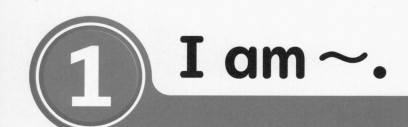

表現のポイント

✏ 「私は〜です。」と自分の名前などを言うときは，I am 〜. と表します。
「〜」には Kenta（ケンタ）などの名前や，teacher（先生）などの職業を表す語，fine（元気な）などの状態を表す語を入れます。

  I am a teacher.（私は先生です。）

✏ I am は，短くして I'm と表すこともできます。

  I'm fine.（私は元気です。）

🎧 1B-1

練習1 語をなぞって覚えよう。

I は常に大文字だよ。

私は　I　　　　　　　　～です　am

私は～です　I'm　　　　　ケンタ　Kenta

先生　teacher　　　　　生徒　student

🎧 1B-2

練習2 文をなぞって覚えよう。

文の最初の文字は大文字にするよ。文の最後に「．」をつけるのを忘れずに！

I am Kenta.

（私はケンタです。）

I'm a student.

（私は生徒です。）

職業を表す語の前には a や an をつけるよ。

🎧 1B-3

問題 文を書いてみよう。

① 私はメアリー（Mary）です。

_____

② 私は先生です。

_____

（あなたは〜です。）

話してみよう！

表現のポイント

🖊 「あなたは〜です。」と相手について言うときは，You are 〜. と表します。「〜」には，名前，職業を表す語，状態を表す語などが入ります。

You are James.（あなたはジェームスです。）

You are tired.（あなたはつかれています。）

🖊 You are は，短くして You're と表すこともできます。

You're a student.（あなたは生徒です。）

🎧 2B-1

練習1　語をなぞって覚えよう。

あなたは　you　　　　　　　〜です　are

あなたは〜です　you're　　　　スーザン　Susan

> you のあとでは are を使うよ。you are を短くすると you're となるよ。

父　father　　　　　　　母　mother

🎧 2B-2

練習2　文をなぞって覚えよう。

You are Susan.

（あなたはスーザンです。）

You're Kenta's father.

（あなたはケンタの父親です。）

> 「(人)の」は〈人名+'s〉で表すよ。

🎧 2B-3

問題　文を書いてみよう。

① あなたはジェーン（Jane）です。

② あなたはスーザンの母親です。

話して
みよう！

表現のポイント

🖊 「あなたは～ですか？」と相手についてたずねるときは, Are you ～? と表します。文の最後に「？」をつけます。また, 文の最後は ⤴ と上げ調子で読みます。

　　Are you Kenta?（あなたはケンタですか？）

🖊 答えるときは,「はい, そうです。」なら Yes, I am.,「いいえ, ちがいます。」なら No, I'm not. と表します。

練習1 語をなぞって覚えよう。

| コアラ | koala | パンダ | panda |

| ～からの | from | 中国 | China |

〈from＋国名〉は「～出身の」という意味だよ。国名は大文字で始めるよ。

| はい | yes | いいえ | no |

🎧 3B-2

練習2 文をなぞって覚えよう。

たずねる文の最後には「？」を忘れずに！

Are you a koala?

（あなたはコアラですか？）

Are you from China?

（あなたは中国出身ですか？）

🎧 3B-3

問題 文を書いてみよう。

① あなたはパンダですか？

② あなたは日本（Japan）出身ですか？

4 I am not 〜./You are not 〜.

I am not an actor.
（私は俳優ではありません。）

表現のポイント

🖊 「私は〜ではありません。」と言うときは，I am not 〜. と表します。I'm not 〜. と言うこともできます。

🖊 「あなたは〜ではありません。」は You are not 〜. と表します。You are not は短く You aren't または You're not と表すこともできます。

You aren't a doctor.（あなたは医者ではありません。）

練習1　語をなぞって覚えよう。

| ～てない | not |
| ～ではありません | aren't |

you のあとでは are not や aren't を使うよ。

俳優	actor
医者	doctor
獣医（じゅうい）	vet
パイロット	pilot

練習2　文をなぞって覚えよう。

ア, イ, ウ, エ, オに似た音で始まる語の前には, a ではなく an をつけるよ。

I am not an actor.

（私は俳優ではありません。）

You are not a doctor.

（あなたは医者ではありません。）

問題　文を書いてみよう。

文の最後の「.」を忘れずに！

① 私は獣医ではありません。

② あなたはパイロットではありません。

中学校の予習

4 I am not ～. / You are not ～.
（私は～ではありません。／あなたは～ではありません。）

話して
みよう！

This is my bike.
（これは私の自転車です。）

That is my car.
（あれは私の自動車です。）

表現のポイント

✎ 近くにあるものを指して「これは〜です。」と言うときは，This is 〜.
と表します。

✎ 遠くにあるものを指して「あれは〜です。」と言うときは，That is 〜.
と表します。That is は短くして That's と表すこともできます。

✎ am，are，is のように「〜です」という意味を表す語を「be動詞」
と言います。

練習1 語をなぞって覚えよう。

これ	this	あれ	that
あれは〜です	that's	私の	my
自転車	bike	自動車	car

「私の自動車」は my car と言うよ。

練習2 文をなぞって覚えよう。

This is my bike.

（これは私の自転車です。）

That is my car.

（あれは私の自動車です。）

問題 文を書いてみよう。

① これは私の自動車です。

② あれは私の自転車です。

中学校の予習 **5** This is 〜./ That is 〜.（これは〜です。／あれは〜です。）

6 Is this〜?/ Is that〜?

（これは〜ですか？／あれは〜ですか？）

話して
みよう！

Is this your lunch?　It's nice.
（これはあなたのお弁当ですか？　すてきですね。）

Thanks.
（ありがとう。）

Is that a ball?
（あれはボールですか？）

No, it is not.
（いいえ，ちがいます。）

A rice ball!
（おにぎり！）

※nice：すてきな

表現のポイント

✏️ 「これは〜ですか？」は，Is this 〜?，「あれは〜ですか？」は Is that 〜? と表します。文の最後は⤴と上げ調子で読みます。

　　Is this your book?（これはあなたの本ですか？）

　　Is that your dog?（あれはあなたのイヌですか？）

✏️ 答えるときは「はい，そうです。」なら Yes, it is.，「いいえ，ちがいます。」なら No, it is not. と表します。

練習1 語をなぞって覚えよう。

あなたの	your	弁当,昼食	lunch
それ	it	ありがとう。	Thanks.

答える文では this や that は it に変わるよ。

米,ごはん	rice	ボール	ball

練習2 文をなぞって覚えよう。

たずねる文の最後には「？」が必要だよ。

Is this your lunch?

（これはあなたのお弁当ですか？）

Is that a ball?

（あれはボールですか？）

「あなたの」がないので、ball の前に a が必要だよ。

問題 文を書いてみよう。

① これはあなたのボールですか？

② あれはお弁当ですか？

中学校の予習

6 Is this 〜？/ Is that 〜？
（これは〜ですか？／あれは〜ですか？）

7 This is not〜./That is not〜.

（これは〜ではありません。/あれは〜ではありません。）

話して
みよう！

This is not a station.
（これは駅ではありません。）

That is not a station.
（あれは駅ではありません。）

表現のポイント

✏️ 「これは〜ではありません。」は This is not 〜. と表します。is not は短くして isn't と表すこともできます。

This is not my pencil.（これは私の鉛筆ではありません。）

✏️ 「あれは〜ではありません。」は That is not 〜. と表します。That's not 〜. や That isn't 〜. と表すこともできます。

That isn't a library.（あれは図書館ではありません。）

🎧 7B-1

練習1 語をなぞって覚えよう。

駅	station	～では ありません	isn't
火	fire	ガス	gas

fire station は「消防署」, gas station は「ガソリンスタンド」という意味だよ。

病院	hospital	学校	school

🎧 7B-2

練習2 文をなぞって覚えよう。

文の最初は大文字にするよ。

This is not a station.

（これは駅ではありません。）

That is not a station.

（あれは駅ではありません。）

🎧 7B-3

問題 文を書いてみよう。

文の最後の「．」を忘れずに！

① これは病院ではありません。

② あれは学校ではありません。

8 What is ～?

（～は何ですか？）

話して
みよう！

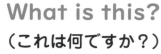
What is this?
（これは何ですか？）

It is a mushroom.
（それはキノコです。）

What is that?
（あれは何ですか？）

い
か

あ
な
ご

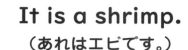
It is a shrimp.
（あれはエビです。）

表現のポイント

✎ 「～は何ですか？」は What is ～? と表します。「これは何ですか？」なら What is this?,「あれは何ですか？」なら What is that? となります。What is は短くして What's と表すこともできます。

✎ 文の最後は ⌒ と下げ調子で読みます。

✎ 答えるときは，It is ～.「それは～です。」と表します。It is は短くして It's と表すこともできます。

練習1　語をなぞって覚えよう。

何　what　　　　　〜は何ですか　what's

it is を短くすると it's となるよ。

what is を短くすると what's となるよ。

それは〜です　it's　　　　キノコ　mushroom

エビ　shrimp　　　トマト　tomato

🎧 8B-2

練習2　文をなぞって覚えよう。

文の最後の「?」を忘れずに！

What is this?

（これは何ですか？）

What is that?

（あれは何ですか？）

読むときは最後を下げ調子にするよ。

🎧 8B-3

問題　文を書いてみよう。

① これは何ですか？（What's を使って）

② あれは何ですか？（What's を使って）

9

He is 〜. / She is 〜.

（彼<small>かれ</small>は〜です。／彼女<small>かのじょ</small>は〜です。）

話して
みよう！

She is beautiful.
（彼女は美しいです。）

She is my sister.
（彼女は私の姉です。）

表現のポイント

✏️　自分や相手以外の男性について「彼は〜です。」と言うときは，He is 〜.
と表します。女性の場合は She is 〜.「彼女は〜です。」と表します。He is
は He's，She is は She's と短く表すこともできます。

✏️　「〜」には名前や職業を表す語のほか，beautiful（美しい），tall（背
が高い），happy（幸せな）など，状態や様子を表す語がくることもあります。
　　　She is happy.（彼女は幸せです。）

練習1　語をなぞって覚えよう。

彼は　he　　　　　彼女は　she

彼は～です　he's　　　　　彼女は～です　she's

> he is を短くすると he's に，she is を短くすると she's になるよ。

美しい　beautiful　　　　　背が高い　tall

練習2　文をなぞって覚えよう。

> 状態や様子を表す語の前には，a や an はつけないよ。

She is beautiful.

（彼女は美しいです。）

She is my sister.

（彼女は私の姉です。）

> 「私の～」は，「～」を表す語の前に my をつけて表すよ。

問題　文を書いてみよう。

① 彼は背が高いです。

　

② 彼女は私の母です。

　

中学校の予習

9　He is ～．/ She is ～．（彼は～です。/ 彼女は～です。）

Is he ～? / Is she ～?

（彼は～ですか？ / 彼女は～ですか？）

話して
みよう！

表現のポイント

✏ 男性について「彼は～ですか？」とたずねるときは，Is he ～? と表します。女性の場合は Is she ～?「彼女は～ですか？」と表します。

Is he a soccer player?（彼はサッカー選手ですか？）

✏ 答えるときは，「はい，そうです。」なら Yes, he is./Yes, she is.,「いいえ，ちがいます。」なら No, he is not./No, she is not. と言います。is not は短くして isn't と表すこともできます。

練習1 語をなぞって覚えよう。

ピアニスト pianist   ボーイフレンド boyfriend

彼の his   彼女の her

「彼の自動車」なら his car となるよ。

画家 painter   いそがしい busy

🎧 10B-2

練習2 文をなぞって覚えよう。

たずねる文の最後には「?」をつけるよ。

Is she a pianist?

（彼女はピアニストですか？）

Is he her boyfriend?

（彼は彼女のボーイフレンドですか？）

「彼女の～」は、「～」を表す語の前に her をつけて表すよ。

🎧 10B-3

問題 文を書いてみよう。

① 彼女は画家ですか？

_____

② 彼はいそがしいですか？

_____

中学校の予習

⑩ Is he ～？ / Is she ～？（彼は～ですか？ / 彼女は～ですか？）

11 He is not 〜./She is not 〜.
（彼は〜ではありません。/彼女は〜ではありません。）

話して
みよう！

表現のポイント

✏ 「彼は〜ではありません。」と言うときは，He is not 〜. と表します。
「彼女は〜ではありません。」は She is not 〜. と表します。

✏ He is not 〜. は He isn't 〜. や He's not 〜. と短く表すこともできます。同じように，She is not 〜. は She isn't 〜. や She's not 〜. と短く表すことができます。

She isn't a doctor.（彼女は医者ではありません。）

練習1 語をなぞって覚えよう。

大きい	big	小さい	small
強い	strong	弱い	weak
看護師	nurse	花屋	florist

練習2 文をなぞって覚えよう。

「〜ではありません」は，
「〜です」の文に not を加えてつくるよ。

He is not big.

（彼は大きくありません。）

He is not strong.

（彼は強くありません。）

問題 文を書いてみよう。

① 彼は小さくありません。

② 彼女は看護師ではありません。

nurse（看護師）の前には a が必要だよ。

Who is ～?

（～はだれですか？）

話して
みよう！

Who is this boy?
（この男の子は
だれですか？）

He is Mike.
（彼（かれ）はマイクです。）

Who is this woman?
（この女の人はだれですか？）

She is Mike's mother.
（彼女（かのじょ）はマイクの
お母さんです。）

表現のポイント

✏️ 「～はだれですか？」は Who is ～? と表します。Who is は短くして Who's と表すこともできます。

Who's that woman?（あの女の人はだれですか？）

✏️ 文の最後は ⌒ と下げ調子で読みます。

✏️ その人が男性なら He is ～.「彼は～です。」，女性なら She is ～.「彼女は～です。」と答えます。

🎧 12B-1

練習1 語をなぞって覚えよう。

だれ	who	～はだれですか	who's
男の子	boy	女の子	girl
男の人	man	女の人	woman

大人の男性は man だよ。

大人の女性は woman だよ。

🎧 12B-2

練習2 文をなぞって覚えよう。

文の最初を大文字にするのを忘れずに！

Who is this boy?

（この男の子はだれですか？）

Who is this woman?

（この女の人はだれですか？）

読むときは最後を下げ調子にするよ。

🎧 12B-3

問題 文を書いてみよう。

① この女の子はだれですか？

② あの男の人はだれですか？

I like ～.

（私は～が好きです。）

話して
みよう！

※too：～も

表現のポイント

✏️ 「私は～が好きです。」と，自分の好きなものを言うときは I like ～. と表します。次のような動作を表す語を「一般動詞」と言います。

eat「～を食べる」，give「～をあげる」，like「～が好きだ」，
study「～を勉強する」，watch「～を見る」，write「～を書く」

✏️ 「私は（スポーツ）をします。」と言うときは I play ～. と表します。playは「（スポーツ）をする，（楽器）を演奏する」という意味です。

練習1 　語をなぞって覚えよう。

～が好きだ　　like　　　　　　　　スポーツ　　sports
（複数形）

(スポーツ)をする，　play　　　　　　サッカー　　soccer
(楽器)を演奏する

言語を表す「～語」という語の最初の文字は大文字にするよ。

英語　English　　　　　　　　　ギター　guitar

🎧 13B-2

練習2 　文をなぞって覚えよう。

I like sports.

（私はスポーツが好きです。）

I play soccer.

（私はサッカーをします。）

🎧 13B-3　　問題 　文を書いてみよう。

「(楽器)を演奏する」は play で表すんだったね。
guitar（ギター）には the をつけるよ。

① 私は英語が好きです。

＿＿＿＿＿＿＿＿＿＿＿＿＿＿＿＿＿＿＿＿＿＿＿＿＿＿＿

② 私はギターを演奏します。

＿＿＿＿＿＿＿＿＿＿＿＿＿＿＿＿＿＿＿＿＿＿＿＿＿＿＿

中学校の予習 13 I like ～．（私は～が好きです。）

（あなたは～を持っています。）

話してみよう！

You have a piano!
（あなたはピアノを
持っているのですね！）

I have a flute, too.
（私はフルートも持っています。）

You like music.
（あなたは音楽が好きですね。）

表現のポイント

✏️　「あなたは～を持っています。」と，相手が持っているものについて言うときは，You have ～. と表します。have は「～を持っている」という意味の一般動詞です。

　　　You have a nice bag.（あなたはすてきなかばんを持っています。）

✏️　「あなたは～が好きです。」と言うときは You like ～. と表します。like は「～が好きだ」という意味の一般動詞です。

🎧 14B-1

練習1 語をなぞって覚えよう。

~を持っている　have　　　~を楽しむ　enjoy

ピアノ　piano　　　フルート　flute

音楽　music　　　~も　too

> 何かをつけ加えて「~も」と言うときは、文の最後に too をつけるよ。

🎧 14B-2

練習2 文をなぞって覚えよう。

You have a piano.

（あなたはピアノを持っています。）

You like music.

（あなたは音楽が好きです。）

> music（音楽）のように1つ・2つと数えることができないものには、a や an をつけないよ。

🎧 14B-3

問題 文を書いてみよう。

① あなたはフルートを持っています。

② あなたは音楽を楽しみます。

15 Do you like 〜?
（あなたは〜が好きですか？）

話して
みよう！

Do you like baseball?
（あなたは野球が好きですか？）

Yes, I do.
（はい，好きです。）

Do you play baseball?
（あなたは野球をしますか？）

No, I do not.
（いいえ，しません。）

表現のポイント

✎ 「あなたは〜が好きですか？」とたずねるときは，Do you like 〜？と表します。be動詞（is, are, am）を使った文とはちがい，一般動詞を使った文では，文の最初に Do を置くのがポイントです。

✎ 答えるときは，「はい，好きです。」なら Yes, I do.，「いいえ，好きではありません。」なら No, I do not. と言います。

✎ Do you 〜？ の文の最後は，⤴と上げ調子で読みます。

62

練習1 語をなぞって覚えよう。

野球	baseball	バスケットボール	basketball
ゴルフ	golf	~を勉強する	study
数学	math	理科	science

15B-2

練習2 文をなぞって覚えよう。

一般動詞を使ったたずねる文は Do で始めるよ。

Do you like baseball?

（あなたは野球が好きですか？）

Do you play baseball?

（あなたは野球をしますか？）

Do you ～? の文の最後は上げ調子で読むよ。

15B-3

問題 文を書いてみよう。

① あなたはゴルフが好きですか？

_____

② あなたは数学を勉強しますか？

_____

16 I do not have ～.

（私は～を持っていません。）

話して
みよう！

I do not like salad.
（私はサラダが
好きではありません。）

Let's eat this!
（これを食べましょう！）

I don't have a spoon.
（私はスプーンを持っていません。）

※Let's ～.：～しましょう。

表現のポイント

✐　「私は～を持っていません。」と言うときは，I do not have ～. と表します。一般動詞を使った文では，be動詞（is, are, am）を使った文とはちがって，一般動詞の前に do not を置くのがポイントです。「私は～が好きではありません。」なら，I do not like ～. となります。

✐　do not は短くして don't と表すこともできます。

　　I don't have a cat.（私はネコを飼っていません。）

練習1 **語をなぞって覚えよう。**

～を食べる eat

～を飲む drink

～しません don't

サラダ salad

do not を短くすると don't となるよ。

スプーン spoon

フォーク fork

🎧 16B-2

練習2 **文をなぞって覚えよう。**

「～しません」は do not を使って表すよ。

I do not have a spoon.

（私はスプーンを持っていません。）

I don't like salad.

（私はサラダが好きではありません。）

salad「サラダ」は数えられないので, a をつけないよ。

🎧 16B-3

問題 **文を書いてみよう。**

① 私はフォークを持っていません。

② 私はサラダを食べません。

17 What do you 〜?

（あなたは何を〜しますか？）

話して
みよう！

What do you have?
（あなたは何を飼っていますか？）

I have two dogs.
（私はイヌを
　２ひき飼っています。）

What do you want?
（あなたは
　何がほしいですか？）

I want a horse.
（私はウマがほしいです。）

表現のポイント

　✏️ 「あなたは何を〜しますか？」とたずねるときは，What do you 〜?
と表します。you のあとには一般動詞がきます。

　✏️ 文の最後は 〜↘ と下げ調子で読みます。

　✏️ 答えるときは，I have two dogs.（私はイヌを２ひき飼っています。）
や I want a horse.（私はウマがほしいです。）のように，「何」にあた
るものを具体的に答えます。

練習1 語をなぞって覚えよう。

～がほしい	want	ウマ	horse
ハムスター	hamster	ペット	pet
2つの	two	イヌ （複数形）	dogs

2つ以上あるものは、語尾に s または es をつけるよ。

練習2 文をなぞって覚えよう。

What て文を始めるよ。

What do you have?

（あなたは何を飼っていますか？）

What do you want?

（あなたは何がほしいですか？）

What ～? の文の最後は下げ調子て読むよ。

問題 文を書いてみよう。

① あなたは何が好きですか？

② あなたは何を勉強しますか？

「～を勉強する」は study で表すよ。

How many 〜?

（いくつ〜？）

話して
みよう！

How many cookies do you want?
（あなたはクッキーをいくつほしいですか？）

I want ten cookies.
（私はクッキーを
　10枚ほしいです。）

How many cookies do you have?
（あなたはクッキーをいくつ持っていますか？）

I have many cookies.
（私はクッキーを
　たくさん持っています。）

表現のポイント

✏️ ものや人の数について「いくつ〔何人〕〜？」とたずねるときは，How many で文を始めます。「あなたは〜をいくつ持っていますか？」なら How many 〜 do you have? ，「あなたは〜をいくつほしいですか？」なら How many 〜 do you want? となります。

✏️ 「〜」には名詞の複数形（語尾に s または es のついた形）を置きます。

✏️ 文の最後は ⌢↘ と下げ調子で読みます。

練習1 語をなぞって覚えよう。

| どのくらい | how | 多くの | many |

| クッキー | cookie | クッキーの複数形 | cookies |

cookie の複数形は後ろに s をつけるよ。

| 鉛筆（えんぴつ） | pencil | リンゴ | apple |

🎧 18B-2

練習2 文をなぞって覚えよう。

How many cookies do you want?

（あなたはクッキーをいくつほしいですか？）

How many cookies do you have?

（あなたはクッキーをいくつ持っていますか？）

🎧 18B-3

問題 文を書いてみよう。

How many のあとには名詞の複数形がくるよ。

① あなたは鉛筆を何本持っていますか？

② あなたはリンゴを何個ほしいですか？

（どこ〜？）

Where is the station?
（駅はどこにありますか？）

It's over there.
（それは
あそこにあります。）

Where is my ticket?
（私のきっぷはどこにありますか?）

It's in your bag.
（それはあなたの
かばんの中にあります。）

表現のポイント

🖊 「どこ〜？」と場所をたずねるときは，Where で文を始めます。
「〜はどこにありますか〔いますか〕？」なら，Where is 〜? となります。

🖊 文の最後は ⤵ と下げ調子で読みます。

🖊 答えるときは，〈It is＋場所を表す語句.〉の形で答えます。「それは
あなたのかばんの中にあります。」なら，It is in your bag. となります。
It is は短くして It's と表すこともできます。

練習1 語をなぞって覚えよう。

どこ	where	きっぷ	ticket

～の向こうに	over	そこに	there

over there で「あそこに」という意味だよ。

～の中に	in	～の上に	on

🎧 19B-2

練習2 文をなぞって覚えよう。

特定のものを表す語の前には the をつけるよ。

Where is the station?

（駅はどこにありますか？）

Where is my ticket?

（私のきっぷはどこにありますか？）

my や your があるときは, the はつけないよ。

🎧 19B-3

問題 文を書いてみよう。

① 公園はどこですか？　特定の公園のことを言っているから, the park とするよ。

_____

② あなたのイヌはどこにいますか？

_____

When 〜?

（いつ〜？）

話して
みよう！

When is your birthday?
（あなたの誕生日はいつですか？）

It's July 4th.
（7月4日です。）

When is your birthday?
（あなたの誕生日はいつですか？）

It's May 6th.
（5月6日です。）

You are a good match.
（あなたたちは
相性がいいですよ。）

※a good match：相性がよい

表現のポイント

✒ 「〜はいつですか？」と時や日付をたずねるときは，When is 〜? と表します。答えるときは，〈It is＋時や日付を表す語句.〉の形で答えます。

✒ 文の最後は ⤵ と下げ調子で読みます。

✒ 「あなたはいつ〜しますか？」とたずねるときは，When do you 〜? と表します。「あなたはいつテニスをしますか？」なら，When do you play tennis? となります。

練習1　語をなぞって覚えよう。

いつ	when	誕生日	birthday
7月	July	5月	May
彼の	his	彼女の	her

「彼の」は his で表すよ。

「彼女の」は her で表すよ。

🎧 20B-2

練習2　文をなぞって覚えよう。

「いつ〜?」とたずねる文は When で始めるよ。

When is your birthday?

（あなたの誕生日はいつですか？）

When is his birthday?

（彼の誕生日はいつですか？）

中学校の予習
20 When 〜?（いつ〜?）

🎧 20B-3

問題　文を書いてみよう。

① 彼女の誕生日はいつですか？

② あなたはいつ英語を勉強しますか？

「あなたはいつ〜しますか？」は
When do you 〜? と表すよ。

73

Please ～.

（～してください。）

話して
みよう！

Write your name, please.
（あなたの名前を書いてください。）

OK.
（わかりました。）

Use this pen.
（このペンを使ってください。）

表現のポイント

🖊 「～しなさい。」と命令するときや，親しい人に「～してください。」
と頼むときは，動詞で文を始めます。このような文を「命令文」と言います。

🖊 ていねいに「～してください。」と言うときは，文の最初に Please
をつけるか，または文の最後にコンマを置いてから please をつけます。

　Please write your name. / Write your name, please.

練習1 語をなぞって覚えよう。

〜を使う use   〜を書く write

名前 name   どうぞ please

> 「〜してください。」とていねいに言うときは please をつけるよ。

この this   ペン pen

練習2 文をなぞって覚えよう。

> 命令するときや、「〜してください。」と頼むときは、You や I ではなく、動詞で文を始めるよ。

Use this pen.

（このペンを使いなさい。）

Write your name, please.

（あなたの名前を書いてください。）

問題 文を書いてみよう。

① サラダを食べなさい。

_____

② この鉛筆を使ってください。

_____

Let's 〜.

（〜しましょう。）

話して
みよう！

Let's play soccer.
（サッカーをしましょう。）

Oh, good idea.
（まあ，いい考えですね。）

Let's eat lunch.
（昼食を食べましょう。）

OK.
（いいですよ。）

表現のポイント

✎ 相手を誘って「〜しましょう。」と言うときは，「〜しなさい。」という命令文の前に Let's を置きます。

　　Play soccer.（サッカーをしなさい。）〈命令文〉

　→　Let's play soccer.（サッカーをしましょう。）
　　　　　　命令文

✎ 答えるときは，Yes, let's.「はい，そうしましょう。」，No, let's not.「いいえ，よしましょう。」などと表します。

🎧 22B-1

練習1　語をなぞって覚えよう。

~しましょう　let's　　　　~を食べる　eat

~を話す　speak　　　　昼食　lunch

よい　good　　　　考え　idea

Good idea. で「いい考えですね。」という意味になるよ。

🎧 22B-2

練習2　文をなぞって覚えよう。

「~しましょう。」は〈Let's＋命令文.〉で表すよ。

Let's play soccer.

（サッカーをしましょう。）

Let's eat lunch.

（昼食を食べましょう。）

🎧 22B-3

問題　文を書いてみよう。

① 野球をしましょう。

② 英語を話しましょう。

問題の答え

▶ 35ページ

1 **I am ～.**

① I am Mary. / I'm Mary.
② I am a teacher. /
　 I'm a teacher.

▶ 37ページ

2 **You are ～.**

① You are Jane. / You're Jane.
② You are Susan's mother. /
　 You're Susan's mother.

▶ 39ページ

3 **Are you ～?**

① Are you a panda?
② Are you from Japan?

▶ 41ページ

4 **I am not ～. /
You are not ～.**

① I am not a vet. /
　 I'm not a vet.
② You are not a pilot. /
　 You're not a pilot. /
　 You aren't a pilot.

▶ 43ページ

5 **This is ～. /
That is ～.**

① This is my car.
② That is my bike. /
　 That's my bike.

▶ 45ページ

6 **Is this ～? /
Is that ～?**

① Is this your ball?
② Is that a lunch?

▶ 47ページ

7 **This is not ～. /
That is not ～.**

① This is not a hospital. /
　 This isn't a hospital.
② That is not a school. /
　 That's not a school. /
　 That isn't a school.

▶ 49ページ

8 **What is ～?**

① What's this?
② What's that?

▶ 51ページ

9 **He is ～. / She is ～.**

① He is tall. / He's tall.
② She is my mother. /
　 She's my mother.

▶ 53ページ

10 **Is he ～? / Is she ～?**

① Is she a painter?
② Is he busy?

▶55ページ

⑪ He is not 〜. / She is not 〜.

① He is not small. /
He's not small. /
He isn't small.

② She is not a nurse. /
She's not a nurse. /
She isn't a nurse.

▶57ページ

⑫ Who is 〜?

① Who is this girl? /
Who's this girl?

② Who is that man? /
Who's that man?

▶59ページ

⑬ I like 〜.

① I like English.
② I play the guitar.

▶61ページ

⑭ You have 〜.

① You have a flute.
② You enjoy music.

▶63ページ

⑮ Do you like 〜?

① Do you like golf?
② Do you study math?

▶65ページ

⑯ I do not have 〜.

① I do not have a fork. /
I don't have a fork.

② I do not eat salad. /
I don't eat salad.

▶67ページ

⑰ What do you 〜?

① What do you like?
② What do you study?

▶69ページ

⑱ How many 〜?

① How many pencils do you have?
② How many apples do you want?

▶71ページ

⑲ Where 〜?

① Where is the park?
② Where is your dog?

▶73ページ

⑳ When 〜?

① When is her birthday?
② When do you study English?

▶75ページ

㉑ Please 〜.

① Eat salad.
② Use this pencil, please. /
Please use this pencil.

▶77ページ

㉒ Let's 〜.

① Let's play baseball.
② Let's speak English.

中学生の予習 問題の答え

初版
第 1 刷　2021年 1 月10日　発行

●編　者
　　数研出版編集部
●カバー･表紙デザイン
　　株式会社ブックウォール

発行者　星野　泰也

ISBN978-4-410-15367-9

小学英語の復習＆中学英語のさきどりノート

発行所　**数研出版株式会社**

本書の一部または全部を許可なく
複写・複製することおよび本書の
解説・解答書を無断で作成するこ
とを禁じます。

〒101-0052　東京都千代田区神田小川町 2 丁目 3 番地 3
　　　　　　　〔振替〕00140-4-118431
〒604-0861　京都市中京区烏丸通竹屋町上る大倉町205番地
〔電話〕代表　(075) 231-0161
ホームページ　https://www.chart.co.jp
印刷　創栄図書印刷株式会社
　　　乱丁本・落丁本はお取り替えいたします　201201